# 내가 케이크를 공정 나눈다면

## 글쓴이 소이언

서울대학교에서 철학을 공부했고 어린이와 청소년을 위한 책을 만들고 있습니다. 기울어진 세상에서 어린 시민들과 함께 행복하게, 나란히 또 다정히 사는 방법을 찾기 위해 바지런히 글을 쓰고 있습니다.
『기후 위기 : 지구 말고 지구인이 달라져야 해』『바이러스 : 먼지보다 작은 게 세상을 바꾼다고?』『혐오 : 재밌어서 한 말, 뭐가 어때서?』『지구를 위해 달려라, 공학』『장난감 말고 주식 사 주세요!』『안녕? 나의 핑크 블루』에 글을 썼습니다. 함께 지은 책으로는『어린이 토론학교 : 환경』『어린이 토론학교 : 생명윤리』 등이 있습니다.

## 그린이 김진화

대학에서 회화를 공부했고 어린이책에 그림을 그리고 있습니다. 이해할 수 있는 기준에 합의할 수 있는 결론들로 갈등이 좀 더 줄어드는 사회가 되었으면 좋겠어요.
그림책『여름이 오기 전에』를 쓰고 그렸습니다. 그동안 그림책『불곰에게 잡혀간 우리 아빠』『주문 많은 요리점』『니 꿈은 뭐이가?』『화가 호로록 풀리는 책』, 동화『봉주르 뚜르』『괴물딱지』『마법거미 저주거미』「파워충전소」시리즈에 그림을 그렸습니다.

질문하는 어린이

# 공정: 내가 케이크를 나눈다면

**초판 1쇄 펴낸날** 2019년 11월 4일
**초판 6쇄 펴낸날** 2025년 7월 11일

**글** 소이언 | **그림** 김진화 | **펴낸이** 홍지연

**편집** 홍소연 고영완 이태화 김지예 이수진 김신애 | **디자인** 이정화 박태연 정든해 이설
**마케팅** 강점원 원숙영 김가영 김동휘 | **경영지원** 정상희 배지수

**펴낸곳** (주)우리학교 | **출판등록** 제313-2009-26호(2009년 1월 5일) | **제조국** 대한민국
**주소** 04029 서울시 마포구 동교로12안길 8 | **전화** 02-6012-6094 | **팩스** 02-6012-6092
**홈페이지** www.woorischool.co.kr | **이메일** woorischool@naver.com

ISBN 979-11-90337-06-9 73330

- 책값은 뒤표지에 적혀 있습니다.
- 잘못된 책은 구입한 곳에서 바꾸어 드립니다.
- KC 마크는 이 제품이 공통안전기준에 적합하였음을 의미합니다. 책을 입에 대거나 책 모서리에 다치지 않도록 주의해 주세요.

# 내가 케이크를 나눈다면

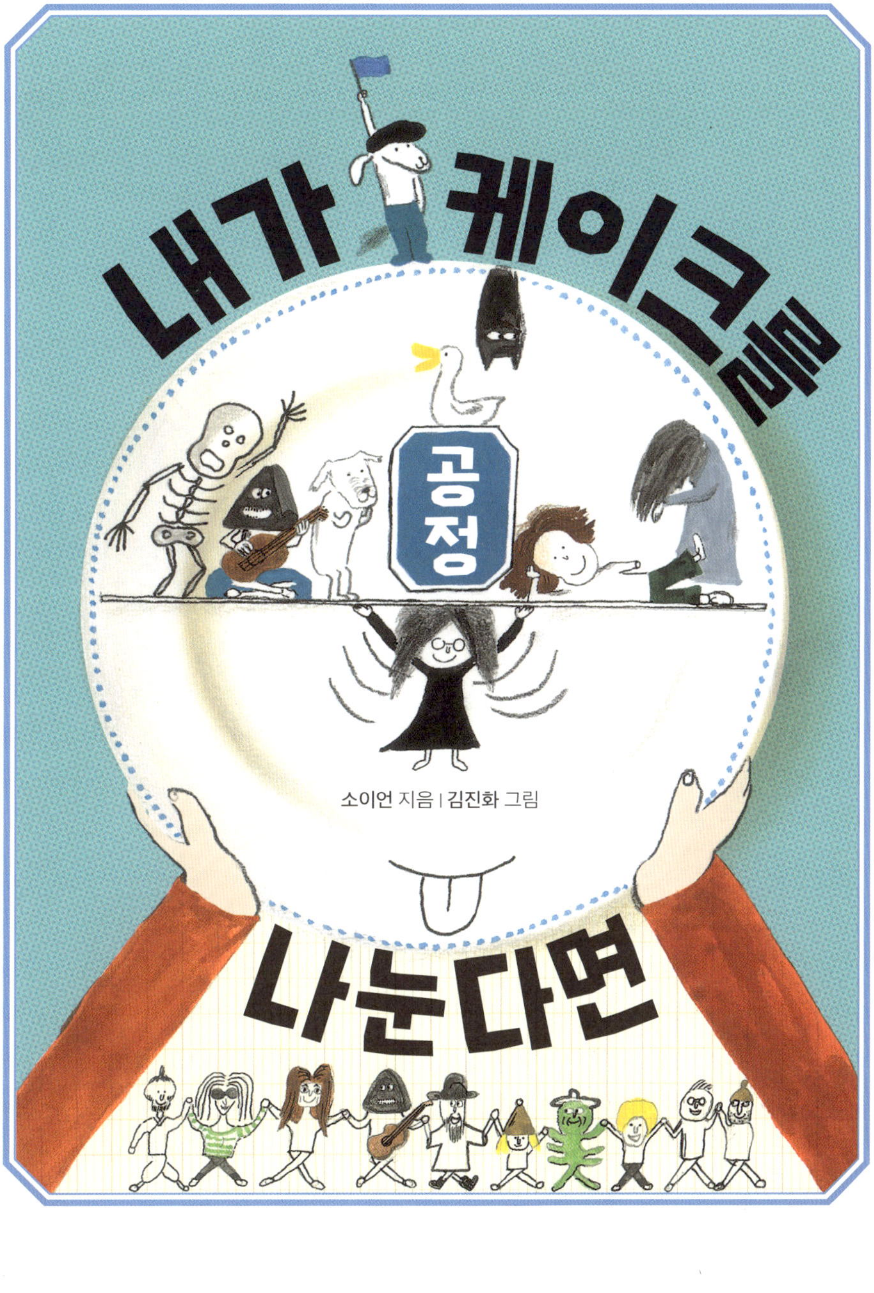

공정

소이언 지음 | 김진화 그림

우리학교

 프롤로그

# 공정함을 왜 배워야 할까?

안녕하세요?
한참 전에 열 살을 넘은 호두예요.
어린이집을 세 살 때부터 다녔으니
급식 먹고 선생님 눈치 보는 이 생활도
조금 있으면 십 년이네요!

저는 롱롱이에요.
지금껏 단맛 쓴맛 다 봤죠.
뭘 해야 칭찬받는지,
뭘 안 해야 조용히 넘어가는지
척하면 척이라는 소리예요.
그러니 더 이상 우릴 가르치려 들지
말았으면 좋겠어요!

맞다, 그거야!
불공평하고 억울한 게
뭐가 잘못돼서 그런 건지,
바로 그걸 알아본댔어!

잘 좀 해 봐.

자, 이제부터 초등학생이
꼭 알아야 할 공정함에 관한
이야기를 나눌 거예요. 더 늦기 전에
잘 배워 놔야 첫 단추를
제대로 끼울 수 있거든요.

앞으로 꿸 단추가 수십 개라서
그놈의 첫 단추를 잘못 끼우면
나중에 다시 다 풀고 잠그느라
겁나게 고생한다는….

어느 게 첫 단추냐…

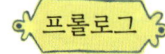

공정함을 왜 배워야 할까? … 4

**1**

공정함이란 무엇일까? … 10

**2**

공정함은 언제 필요할까? … 24

능력에 따라 대접받는 게
당연하지 않다고? … 38

## 이긴 사람이 더 많이 갖는 게
### 왜 문제일까? … 54

## 누구와 어떻게 나누어야
### 공정할까? … 72

## 6
## 너만 이기는 싸움은
### 그만할래 … 86

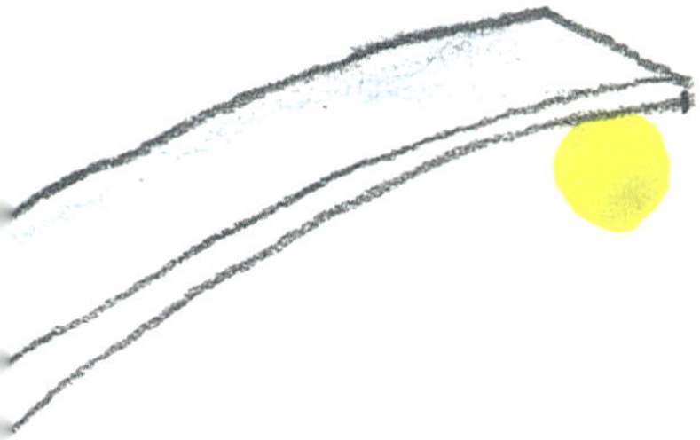

"불공평해!"는 우리가 아주 어릴 때부터 종종 하는 말이에요.
누구나 자기 것과 남의 것을 비교하고, 차이가 나면 억울해하죠.
기저귀를 차고 뒤뚱거리는 어린아이들도 불공평한 대접을 받으면 막 화를 내요.
말도 제대로 못 하면서 말이에요.
불공평한 대접을 받으면 왜 화가 나는지,
'공평'과 '공정'은 어떻게 다른지 알아볼까요?

# ①

# 공정함이란 무엇일까?

수업 시간, 짝이 또 연필을 빌려 달라고 합니다.
'어휴, 오늘도 필통 안 가져왔나.'
한 자루를 꺼내 줬더니 그거 말고 다른 연필을 달라고 합니다.
"뭐? 왜?"
순간 화가 나서 목소리가 조금 커집니다. 떠든다고 선생님께 혼났습니다. 먼저 귀찮게 한 건 짝인데, 짝도 떠들었는데, 심지어 나보다 말도 더 많이 했는데……. 나만 혼났습니다. 억울합니다. 만약 둘 다 혼났다면 덜 억울했을까요?

### 똑같은 상황이면 똑같이 대접해 줘

선생님께서 수학 문제를 다 푼 아이들에게 초콜릿을 두 개씩 주기로 하셨습니다. 줄을 서려고 자리에서 일어나 앞으로 나가는데 짝이 후다닥 달려와 나를 밀치고 내 앞에 섭니다.

"야, 내가 먼저 나왔는데……."

"내가 먼저 줄 섰거든?"

그런데 하필 내 차례에서 초콜릿이 다 떨어집니다.

"자, 너는 대신 박하사탕 두 개."

짝이 초콜릿을 눈앞에서 흔들며 약 올립니다.

아니, 이 상황은 뭐죠?

### 원숭이도 불공평함을 안다고?

과학자들은 꼬리감는원숭이들을 데리고 한 가지 실험을 했어요. 원숭이에게 장난감 동전을 주고 오이와 바꿔 먹는 훈련을 시켰죠. 원숭이들은 이 거래에 익숙해져서 바닥에 떨어진 동전까지 주워 가며 열심히 오이를 받아먹었답니다. 그러다가 다른 원숭이들이 보는 앞에서 한 원숭이에게만 오이 대신 달디단 포도를 줬어요.

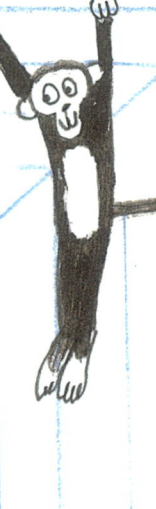

2003년 과학 잡지 『네이처』에 실린 꼬리감는원숭이 실험

결과는 어땠을까요? 다른 원숭이들은 엄청나게 화를 냈어요. 배고파도 오이를 먹지 않은 건 물론, 펄쩍 뛰고 으르렁대면서 과학자 얼굴에 오이를 집어 던졌대요. 동물도 불공평함을 아는 거예요.

사람인 우리는 더 예민하죠. 자, 몹시 배고픈 두 아이와 두 개의 빵이 있다고 상상해 봅시다. 한 아이에게만 빵 두 개를 다 주면 못 받은 아이가 가엽겠죠?

## 화가 나면 화를 내자

그런데 빵을 못 받은 아이가 바로 나라면? 오이 백 개는 내던지고 싶을 만큼 억울하고 화나겠죠. 이럴 땐 화난다고 생각하는 데서 끝내면 안 돼요. 똑같이 나누라고 큰소리로 따져야 해요. 불공평함은 참을 수도 없고 참아서도 안 되니까요.

> 화는 몹시 못마땅하고 언짢은 감정이에요. 빵을 못 받은 마음은 '화난다.'만으로는 부족합니다. 억울한 일을 당하여 마음이 부글부글 끓어오르고 화가 솟구치는 상황에 쓰는 말, 바로 분노가 필요하죠.

## 솔로몬 왕은 왜 당황했을까?

아무리 초등학생이라도 공평함이 '무조건 똑같이'가 아니라는 것쯤은 잘 알고 있어요. 개미와 코끼리가 똑같은 종류의 음식을 똑같은 양만큼 먹을 순 없으니까요. 만약 '무조건 똑같이'가 정답이라면, 솔로몬 왕이 "아기를 똑같이 반으로 나눠 가지세요."라고 말했을 때 두 여인 모두 "네! 감사합니다, 대왕님!" 하고 대답했겠죠. 진짜 아기 엄마를 가리려던 솔로몬 왕이 무척 당황했을 거예요.

### 공평하다는 건 똑같다는 걸까?

어린아이들은 친구가 자기 장난감을 망가뜨리면 똑같이 그 친구의 장난감을 망가뜨리려 덤빕니다. 공평하게 말이죠. 물론 우리도 어제 짝이 연필을 빌려주지 않았다면 오늘 지우개를 빌려 달라는 짝의 말을 가볍게 무시하죠. 그런데 왠지 스스로가 좀 유치하고 창피하게 느껴집니다. 왜일까요?

당한 대로 똑같이 갚는 건 공평함이 아니라 앙갚음이기 때문이에요. 그래서 짝에게 못된 짓을 되돌려 줬어도 마음이 편치 않은 거예요.

### 왜 다르게 대접했는데 공평할까?

모든 자동차는 도로에서 신호를 지켜야 하고, 앞에 가는 차를 함부로 추월해서는 안 됩니다. 이 원칙을 어기면 벌금을 물어야 해요. 하지만 예외가 있습니다. 바로 구급차죠. 교통신호를 어기고 중앙선을 가로질러 질주한 구급차가 벌금을 안 내는 걸 불공평하다고 생각하는 사람이 있을까요? 아마 없을 거예요. 위급한 상황에 처한 사람을 가장 먼저 배려하는 건 당연하기 때문이죠. 도로 위에 안 바쁜 사람은 없지만, 생명이 위독한 환자가 제일 바쁜 법이니까요.

## 공평한지 아닌지 판단해 보자

'똑같이'가 언제나 쓸 수 있는 만능열쇠가 아니라면, 우리는 무엇을 공평하다고 말할 수 있을까요? 먼저 다음 상황이 공평한지 아닌지부터 판단해 보죠.

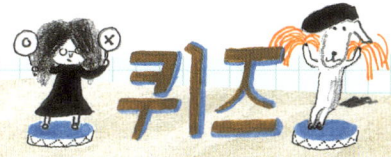

1. 건강한 사람보다 아픈 사람이 더 좋은 음식을 먹는 것   공평하다 / 불공평하다

2. 큰 동물이 많이 먹고 작은 동물이 적게 먹는 것   공평하다 / 불공평하다

3. 힘센 동물이 약한 동물보다 더 무거운 수레를 끄는 것   공평하다 / 불공평하다

4. 빵이 하나 남았을 때 형이 동생에게 양보하는 것   공평하다 / 불공평하다

5. 추운 날 젊은 사람보다 늙은 사람에게 더 따뜻한 옷을 주는 것   공평하다 / 불공평하다

6. 배가 침몰할 때 구명보트에 어른보다 아이를 먼저 태우는 것   공평하다 / 불공평하다

7. 혼자 구덩이에 빠진 동물보다 새끼와 함께 구덩이에 빠진 동물을 먼저 구하는 것   공평하다 / 불공평하다

## 우리 마음이 가리키는 곳

상대방과 내 상황이 같다면, 무언가를 똑같이 나누는 데 아무 문제 없어요. 둘 다 몸집이 비슷하고, 둘 다 건강하고, 둘 다 배고프면 빵을 똑같이 반으로 갈라 먹으면 그만입니다. 하지만 상대방이 나보다 작고, 어리고, 심지어 몸도 아프면 마음이 복잡해지죠.

무조건 똑같이 나누는 게 옳지 않다는 걸 우린 그냥 저절로 알아요. 우리 마음은 자연스럽게 작고 약한 존재에게로 향하죠. 인간이라면 누구나 이렇게 옳고 바른 마음을 가지고 있어요. 공평함이 '똑같음'을 강조한다면, 여기에 '옳음'을 더해 생각하는 게 공정함이랍니다.

# 공정함을 둘러싼 단어 사전

### 공공

공공(公共)은 한자어예요. '公(공)' 자는 여덟 또는 나눔이라는 뜻의 '八(팔)' 자와 개인을 가리키는 '厶(사)' 자가 합쳐진 글자입니다. 내 것을 나눈다는 뜻이죠. '共(공)' 자는 '함께' 또는 '여럿이 하다.'라는 뜻이고요. 그래서 '공공'은 여러 사람과 관계된 일, 나라나 사회의 일과 관련된 단어에 주로 쓰여요.

### 공평하다

어느 쪽으로도 치우치지 않고 고르다는 뜻입니다. 누군가 나와 다른 이를 똑같이 대할 때 쓰는 표현이기도 하죠. 만약 언니가 5학년 때부터 휴대전화를 썼다면, 공평하신 부모님은 내가 5학년이 될 때 휴대전화를 사 주시겠죠?

### 똑같다

첫째, 모양, 성질, 분량 등이 조금도 다른 데가 없다는 뜻
둘째, 모양, 태도, 행동 등이 아주 비슷하게 닮았다는 뜻
셋째, 새롭거나 특별한 것이 없다는 뜻

**몫**

여럿으로 나눈 다음 여러 사람이 따로따로 가지는 각각의 부분

첫째, 비교가 되는 두 대상이 서로 같지 않다는 뜻
둘째, 보통의 것보다 두드러진 데가 있다는 뜻

**나누다**

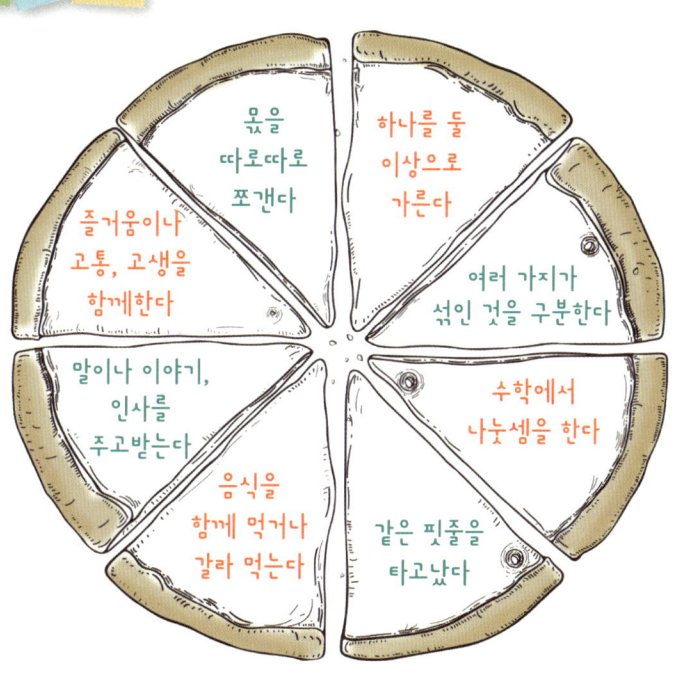

- 몸을 따로따로 쪼갠다
- 하나를 둘 이상으로 가른다
- 즐거움이나 고통, 고생을 함께한다
- 여러 가지가 섞인 것을 구분한다
- 말이나 이야기, 인사를 주고받는다
- 수학에서 나눗셈을 한다
- 음식을 함께 먹거나 갈라 먹는다
- 같은 핏줄을 타고났다

# ② 공정함은 언제 필요할까?

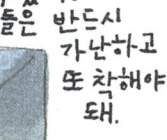

# 정의

그야 감동적이고 드라마틱한 결말을 위해서 그런거지. 착한 일을 하면 복을 받고 나쁜 일을 하면 벌을 받아야 사람들이 좋아 하니까.

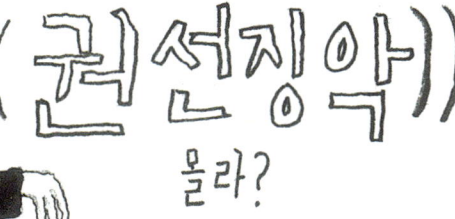

**((권선징악))** 몰라?

양의 탈을 쓴 댕댕

그러니까 당연한 얘기를 왜 자꾸 하는 건데... 재미없게 부모의 원수인 줄 알았는데 알고 보니 친아버지! 천사인 줄 알았던 주인공이 알고 보니 악당! 이런 게 재밌지?

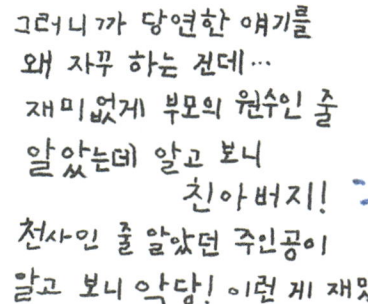

**반전 몰라 반전?**

글쎄. 마지막에 악당이 성공하는 걸 정말 사람들이 좋아할까?

아임유어 파아아더

!!악의 승리!!

공정함은 언제 필요할까요? 억울하고 화나는 순간에 필요하죠. 지나가는 사람 누구든 붙잡고 "이건 정말 옳지 않아요!"라고 말하고 싶을 때 말이에요. 이때 "정말 그러네요."라는 대답을 들을 수 있는 경우는 두 가지입니다. 첫째는 잘못한 사람이 벌받지 않았을 때, 둘째는 자신이 받아야 할 몫을 제대로 받지 못했을 때죠.

## 공정함은 정의의 다른 이름

사실 공정함은 정의의 다른 이름입니다. 우리는 "사랑과 정의의 이름으로 널 용서하지 않겠다!"라는 만화 속 대사처럼 주로 악당을 혼내 줄 때 정의를 소환합니다. 특히 죄지은 사람이 돈이나 인맥을 이용해 처벌받지 않고 미꾸라지처럼 빠져나가면 온 세상이 분노하죠. "정의가 땅에 떨어졌다!"라고 외치면서요.

그런데 도둑질이나 거짓말, 살인, 폭행만 나쁜 게 아닙니다. 여럿이 힘을 모아 케이크를 만들었는데 누군가 홀라당 가져가 버려도 큰일이죠.

### 마땅히 받아야 할 몫을 받고 싶어

정의는 잘못한 사람을 벌줄 때도 필요하지만 각자가 받아야 할 몫을 정할 때도 꼭 필요합니다. 케이크를 독차지한 사람을 혼내 주고 다시 케이크를 제대로 나누는 것도 정의로운 일이에요. 그 몫을 어떻게 정해야 할까요? 당연히 공평하고 올바르게, 말 그대로 '공정하게' 정해야죠.

정의의 원래 뜻은 각자에게 맞는 몫을 주는 일이에요. 죄를 지으면 감옥에 가고 나라를 구하면 벼슬자리에 올라야죠. 잘했으면 잘한 만큼, 못했으면 못한 만큼, 마땅히 받아야 할 몫을 받는 게 정의랍니다.

## 태어날 때부터 정해진 운명

옛날에는 노비라면 열심히 일해도 곡식 한 톨조차 가질 수 없었어요. 매 안 맞고 밥이나 굶지 않으면 다행이었달까요. 아무리 머리가 좋고 똑똑해도 신분이 낮으면 벼슬 같은 건 꿈도 못 꿨죠. 그런 세상에서 공정함이란 무엇이었을까요?

당시에는 정의로움이나 공정함을 죄지은 사람에게 합당한 벌을 내리는 일로만 생각했어요. 불행히도 각자가 받아야 할 몫이 태어날 때부터 정해져 있었거든요.

돌쇠가 양반에게 땅을 빌려 농사 짓는 소작농일 경우, 땅 빌린 값을 내고 나면 남는 게 거의 없었어요. 운 좋게 땅이 있는 평민이라도 나라에 세금을 내고 나면 굶어 죽지 않을 만큼만 쌀이 남았죠. 창고에 곡식이 가득한 양반은 세금 한 푼 안 내는데 말이에요.

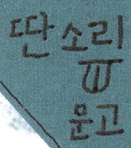

## 눈에는 눈, 이에는 이

하지만 그런 세상에서도 사람들은 늘 '옳음'에 대해 생각했습니다. "눈에는 눈, 이에는 이"라는 말 들어 봤죠? 고대 바빌로니아왕국의 법에서 나온 말이에요. 누가 내 눈을 찌르면 나도 그 사람 눈을 찌르고, 내 이를 부러뜨리면 나도 그 사람 이를 부러뜨린다니……. 속이 시원하긴 한데 좀 무시무시합니다. 그런데 이 법에는 또 다른 뜻이 숨어 있어요.

## "왕이시여, 그 칼을 거두소서!"

바빌로니아왕국은 엄격한 신분제 사회였어요. 노예 아이가 왕자의 눈을 다치게 하면 왕은 아이뿐 아니라 그 부모와 형제를 모조리 죽이고 집까지 불태워 버렸죠. 그렇게 해도 아무도 감히 뭐라 하지 못했어요.

그런데 그래선 안 된다는 법이 생긴 거예요. 왕자가 눈을 다쳤으면 노예 아이도 눈만 다치게 하라고, 힘과 권력이 있어도 더 많이 복수하면 안 된다고 정한 거죠. 맘대로 칼을 휘두르는 지배자들에게 "멈추소서!"라고 감히 말할 수 있게 해 준 법이었어요.

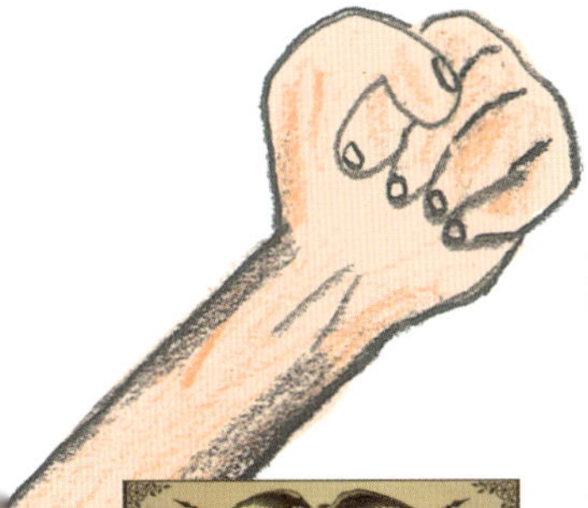

### 공정함을 얻어 낸 순간

 사람들은 아주 오래전부터 공정함을 간절히 원했어요. 인류의 역사는 수천 년 동안 엄격한 신분제 아래에 있었습니다. 태어난 핏줄만으로 운명이 결정되는 세상은 절대 공정하지 않죠. 그래서 인류는 공정함을 얻기 위해 많은 대가를 치러야 했습니다. 전쟁과 개혁, 혁명의 이름 아래 몇백 년씩이나 피를 흘리고 싸우며 공정함을 얻어 냈죠. 노력한 만큼 몫을 받을 수 있는 세상은 결코 저절로 만들어지지 않았어요.

1863년 1월 1일
미국 노예해방령 선언

1789년 8월 4일
프랑스혁명 신분제 폐지

## 이런 세상에 태어나다니!

덕분에 우리는 속으로는 어떻든, 적어도 겉으로는 모두가 자유롭고 평등한 세상에 살고 있습니다. 누구도 우리를 맘대로 부려 먹거나 함부로 잡아 가둘 수 없죠. 누구라도 자신이 원하는 직업을 가지고, 원하는 사람과 사귀고, 원하는 곳에서 원하는 대로 선택해서 살 수 있어요. 원하는 것을 얻기 위해 노력하기만 한다면 말이에요.

이런 세상에 태어나 참 다행이죠? 그런데 왠지 '노력'이라는 말에 마음이 좀 무거워지지 않나요? 그 이유는 앞으로 차차 밝혀진답니다.

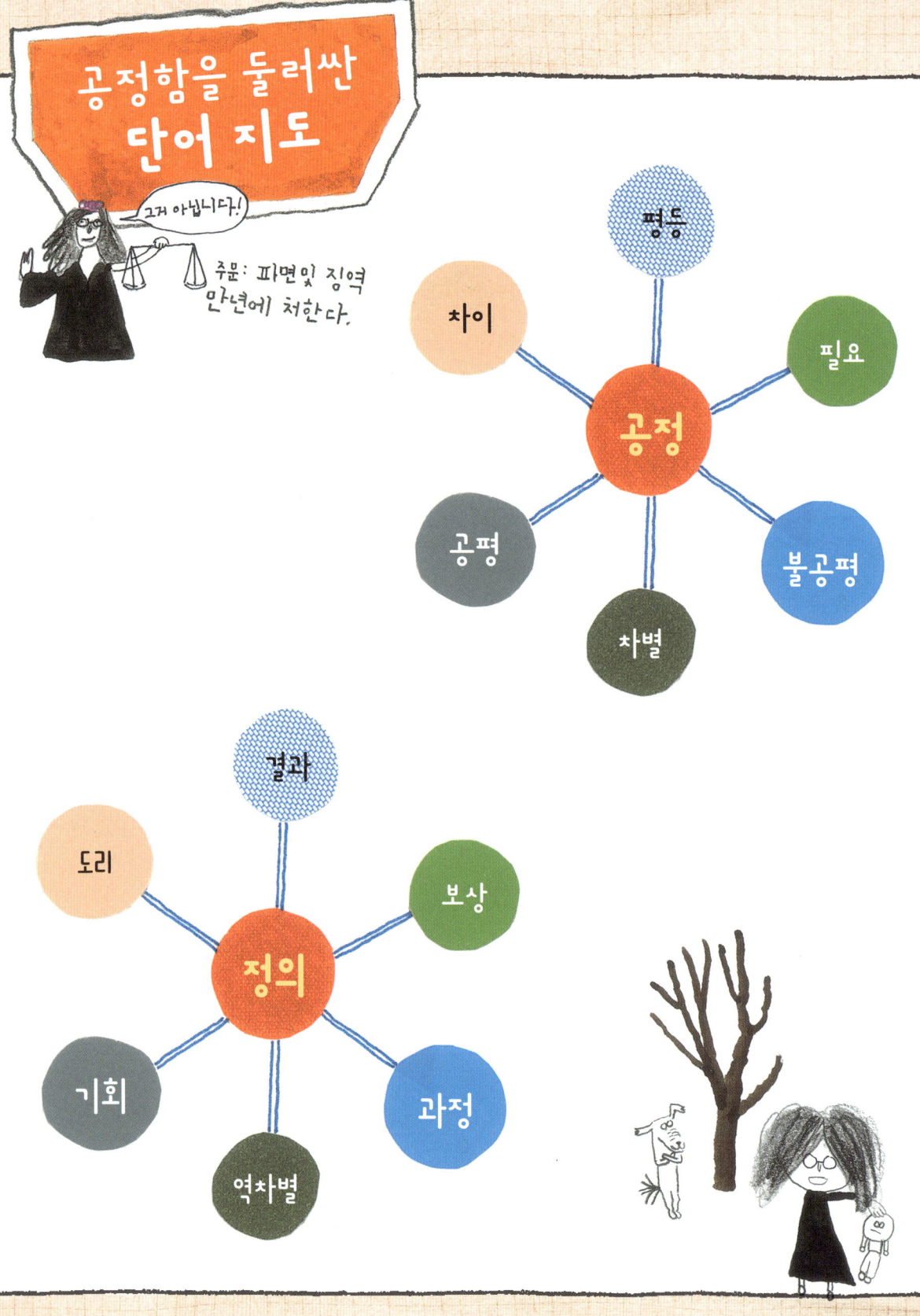

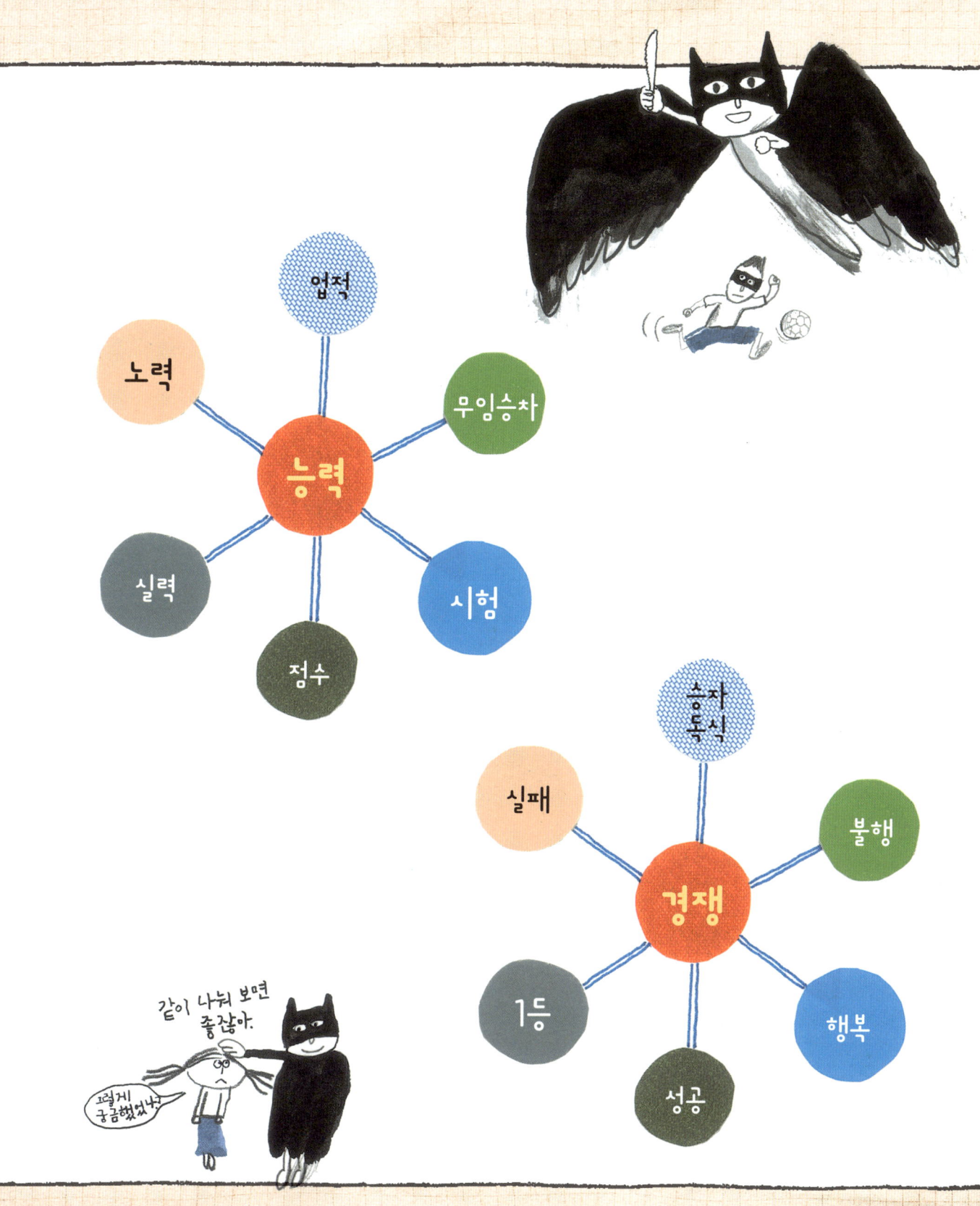

제 욕심을 채우려 나랏돈을 빼돌리고 나랏일을 망친 사람들.
"돈도 실력이야. 너희 부모를 탓해."
그런 사람의 딸이 협박과 속임수로 명문 대학에 입학하고 한 말이에요.
대통령과 관료들은 이들을 혼내 주긴커녕 함께 국민을 속였죠.
2016년 겨울, 분노한 국민들은 촛불을 들고 광장으로 나와
정당한 절차에 따라 대통령을 파면하고 감옥으로 보냈습니다.
모두가 돈, 권력, 부모의 뒷배가 힘을 못 쓰는 공정한 나라를 원했죠.

# 3

# 능력에 따라 대접받는 게 당연하지 않다고?

## 일단 가면으로 얼굴을 가리자

가수에게 가장 중요한 건 뭘까요? 노래 실력이죠. 가면으로 얼굴을 가리고 최고의 가수를 뽑는 티브이 쇼가 있어요. 멋진 외모나 이미 알려진 인지도는 다 무시하고 오직 노래 실력만 보겠다는 거죠.

블라인드(눈가리개) 면접이란 것도 있어요. 회사에서 직원을 뽑을 때 도대체 뭘 가리는 걸까요?

## 실력으로만 승부합시다

블라인드 면접 서류에는 사진이 없어요. 뽑을 사람이 몇 살인지, 남자인지 여자인지, 얼굴과 몸매가 어떤지, 아시아 사람인지 백인인지 흑인인지, 고향이 어딘지 전혀 알 수 없어요.

편견이 생길 만한 정보를 모두 가린 채 오직 실력과 능력만 보고 뽑는 거죠. 정의의 여신상도 눈을 가린 채 저울을 들고 있어요. 눈을 가려 누구도 차별하지 않고 공정한 정의를 실현하기 위해서예요.

## 눈을 가린 공정함

옛날 이집트인들은 완벽한 공정함을 위해 깜깜한 방에서 재판했대요.
서로 알아보지 못하도록 어둠으로 눈을 가린 거죠.

어둠 속 재판까지는 아니어도, 모든 회사가 블라인드 면접을 하면 참 좋겠죠? 하지만 아쉽게도 우리나라엔 그런 회사가 드물어요. 아직도 실력보다 같은 고향, 같은 학교 출신 선후배끼리 챙겨 주는 연고주의의 힘이 강하기 때문이에요.

**주의**는 민주주의, 외모지상주의, 채식주의처럼 특정한 시대, 특정한 사람들이 가진 생각이나 신념, 주장을 말해요. **연고주의**는 공식적인 관계보다 친척(혈연), 고향(지연), 학교(학연)에서 맺은 인연을 더 중요하게 생각하는 태도예요.

태어난 핏줄만으로 운명이 결정되는 세상이라면, 힘과 인맥을 앞세워 비리를 저지르고도 잘사는 세상이라면, 노력이 무슨 의미가 있겠어요? 그래서 인류는 그런 세상을 바꾸려 애써 왔어요. 차별 없는 세상, 누구의 노력도 헛된 물거품이 되지 않는 세상을 바라면서요.

## 평창 동계올림픽에서 생긴 일

2018년, 강원도 평창에서 동계올림픽이 열렸어요. 늘 전쟁과 핵무기의 위협에 시달리는 한반도가 평화의 공간이 되기를 바라는 마음으로, 정부와 올림픽조직위원회는 여자 아이스하키 경기에 남북 단일팀을 내보내기로 했어요. 이 때문에 경기에 나갈 수 없게 된 선수들에게 "평화와 통일을 향한 큰 뜻을 위해 희생해 달라."고 말했죠.

하지만 선수들은 올림픽에 출전하기 위해 몇 년 동안 엄청난 노력을 해 왔습니다. 인기 스포츠가 아니라 훈련 비용을 지원해 주는 곳도 없어서 큰 고생을 한 건 물론이고요. 그렇게 해서 겨우 국가대표가 되었는데, 경기에 나갈 수 없게 되었으니 선수들의 마음이 어땠을까요?

## 누가 내 공든 탑을 무너뜨리면 어떡하지?

 세계 평화를 위해서라면 개인의 노력은 물거품이 되어도 괜찮은 걸까요? 예전에는 국가가 개인에게 희생하라고 하면 당연히 그 말을 따랐어요. 그런데 사람들의 생각이 달라졌어요. 아이스하키 선수들을 안타깝게 생각하는 사람들이 훨씬 더 많아진 거예요. 모두 남북 단일팀을 응원하면서도 마음 한쪽이 몹시 불편했답니다.

## 백 년 동안 깨달은 것

전통 사회가 무너진 지 백 년이나 되었지만, 우리나라는 현대사회로 오기까지 너무나 많은 굴곡을 겪었어요. 일본의 침략을 당하고, 남북이 분단되어 전쟁을 치르느라 모든 것이 파괴되었죠. 폐허가 된 나라를 빨리 일으키려고 경제성장을 앞세우다 보니, 공정함을 따지는 일은 사치라고 여겨졌어요.

그러면서 막강한 힘을 가진 독재자가 국민을 억누르는 일이 몇 번이나 일어났죠. 하지만 그때마다 우리나라 사람들은 독재자를 몰아내고 민주주의를 되살렸어요.

## 노력을 계산해 줄 측정 장치가 필요해

 겨우 나라다운 나라가 만들어진 지금, 사람들은 자신이 노력한 만큼 보상받는 세상을 간절히 원합니다. 뿌린 대로 거두는 세상 말이에요. 그런데 궁금합니다. 누군가 노력을 했는지 안 했는지 어떻게 알까요? 노력한 만큼 보상해야 하는데 도대체 얼마큼 노력했는지 어떻게 측정할까요?

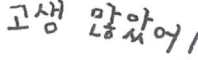

## 시험, 점수, 등수

 결과가 눈에 보이는 일들은 노력의 정도를 측정하기 간단합니다. 신발을 만든다면 좋은 구두를 얼마나 만들어 냈는지, 춤추고 노래하는 일이라면 얼마나 멋진 공연을 해내는지 보면 되니까요. 그다음엔 일등부터 꼴찌까지 줄을 세워 보상하면 되죠. 당연히 일등이 제일 크게 보상받습니다. 가장 많이 노력했으니까요. 눈에 보이지 않는 능력은 어떻게 측정할까요? 시험을 보면 됩니다. 시험 점수에 따라 자동으로 몇 등인지 정해지죠.

## 불평등을 뛰어넘게 해 준 힘

옛날에는 부모가 농부면 자식도 농부고, 부모가 대장장이면 자식도 대장장이였어요. 하지만 지금은 시험만 잘 보면 범죄자의 자식도 얼마든지 변호사가 될 수 있어요. 시험은 공평합니다. 모든 학생이 정해진 시간에 똑같은 문제를 푸니까요. 부유한 집안에서 태어났다고 더 쉬운 문제를 풀 수 없어요. 게다가 점수는 정확히 노력한 만큼 나옵니다. 숫자는 거짓말하지 않으니까요.

## 유럽이 깜짝 놀랐던 동아시아의 능력주의

16세기 말 이탈리아의 선교사 마테오 리치는 중국을 여행하면서 큰 충격을 받았어요. 유럽은 부모가 귀족이어야만 관리가 될 수 있었지만, 중국과 조선은 시험으로 관리를 뽑았거든요. 시험으로 관리를 뽑으면 뛰어난 능력을 지닌 사람이 나랏일을 하게 되죠. 이 기본적인 사실을 서양 사람들은 몰랐던 거예요. 유럽은 동아시아의 영향을 받아 19세기가 되어서야 시험으로 관리를 뽑기 시작했어요.

**능력주의**는 능력 있는 사람이 그렇지 못한 사람들보다 더 많은 부와 명예를 가지는 것이 정당하고 정의롭다는 생각을 말해요. 능력에 따라 차별하는 것이 당연하다고 믿죠.

## 더도 말고 덜도 말고 노력한 만큼만

오늘도 우리는 시험에 합격하려고 열심히 노력합니다. 좋은 대학에 들어가고 싶어 노력하고, 좋은 직장에 취업하고 싶어 노력하고, 돈을 모아 여유로운 삶을 즐기고 싶어 노력합니다. 노력은 우리를 배신하지 않는다고 믿으면서요. 노력하면 성공하고 노력하지 않으면 실패하는 세상, 그게 바로 공정한 세상이고 우리가 만들어 온 세상이에요.

그런데 이상하죠. 아무리 열심히 노력해도 자꾸만 실패하는 일이 생깁니다. 이 상황은 뭘까요? 노력이 부족한 걸까요?

## 모두가 같은 출발선에 설 수 없다면

인생은 마라톤이라고 해요. 옛날엔 신분이 낮으면 출발선에 설 기회조차 없었지만, 지금은 누구라도 마음만 먹으면 출발선에 설 수 있죠. 그럼 이제 일등을 할 수 있는 기회가 누구에게나 똑같이 주어진 걸까요? 하지만 주위를 둘러보면 어떤 사람들은 출발선보다 한참 앞서 달리기 시작하는 것 같아요.

물론 옛날과 비교하면 공정한 세상이에요. 그래서 사람들은 말합니다.

"기회가 주어진 것만도 감사한 일이다. 출발선이 다르다면 남보다 두 배, 세 배 노력하면 돼. 그럼 너도 성공할 수 있어! 그런 성공이 더욱 값진 거야. 징징대지 마라!"

정말 더욱더 노력하는 것만이 답일까요? 진짜 문제는 뭔지, 다른 답은 없는지 함께 생각해 보죠.

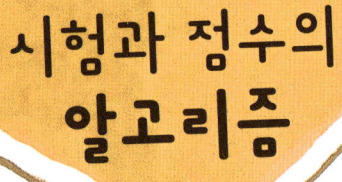

# 시험과 점수의 알고리즘

정말! — 공부를 더 열심히 하게 된다 — 공부하는 게 즐겁다

성공! — 뛰고 만들고 상상하는 시간이 많아져 창의적인 어린이가 된다 — 공부할 땐 공부하고 놀 땐 논다 — 선생님 말씀에 집중한다

자신감이 올라간다

수업만 잘 들어도 백 점

만세! — 부모님이 학원에 보내지 않는다 — 학원에 다니는 아이와 안 다니는 아이 사이에 차이가 없다 — 집에서 혼자 공부해도 백 점

시험은 배운 걸 아는지 모르는지 확인하는 거야. 그래서 시험은 쉬워도 돼!

오, 예! — 점수에 점점 관심이 없어진다 — 다 백 점이니까 별로 칭찬도 안 한다 — 부모님이 묻는다. "너 말고 백 점 맞은 애들 몇 명이야?"

시험이 쉬우면

백 점이 너무 많아 합격생을 뽑을 수 없다

정답! — 시험 점수 말고 다른 걸로 뽑으면 되지!

"누구든 노력하면 성공할 수 있다."
라는 말이 참말이 되려면
누구에게나 성공할 기회가 주어져야 합니다.
달리기 시합이 공정하려면 모두가 출발선에 설 수 있어야 하고,
출발선도 똑같아야 합니다.
"돈을 더 내면 저 앞에서 출발하게 해 줄게!"는 말도 안 되죠!
그렇다면 장애가 있어 다리가 불편한 선수는요?
그 선수만 저 앞에서 출발시키자고 하면
다른 선수들이 흔쾌히 받아들일까요?

# 이긴 사람이 더 많이 갖는 게 왜 문제일까?

# 마지막 닭튀김을 향해 달려라

## 기회의 평등

사람은 모두가 똑같을 수 없지만, 평등할 순 있어요. '평등'이란 '차별'이 없는 거예요. 특히 자기가 선택하지 않은 조건이나 환경 때문에 차별받지 않아야 진짜 평등이랍니다. 자, 아래 두 그림 중에 어느 쪽이 더 공정한지 생각해 보세요.

시각장애인이 차별받지 않게 하려면, 일반인과 똑같은 시험지가 아니라 점자 시험지로 시험을 치를 수 있게 해야 해요. 노력한 만큼 보상받는 것이 공정함이지만, 자기 잘못이 아닌데도 차별받는 사람을 배려하는 것도 공정함이랍니다. 키가 작은 아이에겐 발판을 하나 더 쌓아 주는 사회가 공정한 세상인 거죠.

## 출발선을 똑같이 만들어 주는 것

우리 인류는 늘 옳음을 생각해 왔습니다. 그래서 "출발선이 다르다고 징징대지 말고 남보다 더 노력해라!"라고 말하는 대신 '모두의 출발선을 똑같게 만드는 방법'을 찾아냈어요. 휠체어를 탄 사람을 배려해 시험장에 계단 없는 경사로를 만드는가 하면, 청각장애인에겐 영어 듣기 평가를 할 때 문제지를 나눠 주고 풀게 했죠. 또 대학들이 저소득층이나 흑인, 아시아인 학생을 의무적으로 뽑게 만들었어요.

## 다른 기준으로 입학했다고 벌레라고 부르다니

놀랍게도 이런 배려를 반대하는 사람들이 있습니다. 대학에 입학할 때 소외된 지방 학생이나 저소득층, 농어촌 학생을 배려하는 균형선발제도가 있어요. 그런데 어떤 학생들은 이 전형으로 입학한 학생들을 '벌레'라고 부르며 따돌린대요. 실력도 모자라는데 좋은 대학에 들어왔다며 무시하고 조롱하는 거죠. 이들이 노력도 없이 특혜를 받았다고 생각하기 때문이에요.

### 누구의 인생일까?

정말 균형선발제도로 뽑힌 학생들은 노력하지 않고 특혜를 받은 걸까요? 여기 두 아이가 있습니다. 이들의 인생을 따라가 봅시다.

A는 공부를 좋아하고 학교 수업도 열심히 듣습니다. 시험을 보면 거의 백 점이죠. 아버지는 작은 회사에 다니고 어머니는 대형 마트 계산대에서 일합니다. 형편이 넉넉지 않아 학원에 다니기가 부담스럽습니다. 집 근처 중학교에 진학해 계속 혼자 힘으로 열심히 공부했습니다.

B는 공부를 별로 좋아하지 않고 뭐든 대충 하는 성격입니다. 반에서 중간 정도 성적이죠. 아버지는 의사이고 어머니는 대학교수입니다. 수학 과외를 받고 영어 학원에 다닙니다. 방학 때 단기 어학연수를 다녀왔고 중학생 때 미국으로 일 년간 유학을 갔다 왔습니다.

# 누구의 인생

A는 서울에 있는 평범한 대학에 갈 수 있는 성적이었지만, 학비가 싸고 장학금을 많이 주는 지방 국립대학에 입학했습니다. 학비와 생활비를 벌면서 공부하느라 노력했지만 뛰어난 성적을 거두진 못했죠. 중소기업에 취직해 결혼도 하고 아이도 낳았지만 집을 장만하지 못해 계속 이사를 다닙니다. 은행에서 빌린 대출금을 갚는 일이 조금씩 힘들어지고 있습니다.

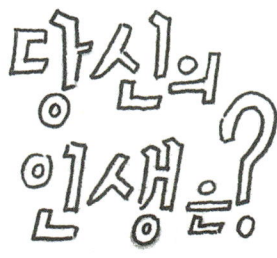 

B는 계속 비싼 학원에 다녔고 개인 과외를 받은 덕분에 서울에 있는 평범한 대학에 입학했죠. 해외에 자주 다녀오고 꾸준히 외국어 공부를 한 덕분에 어학 실력이 좋아 꽤 유명한 외국계 회사에 취업했습니다. 결혼할 때 부모님이 마련해 준 집에서 아이를 낳아 키우며 여유롭게 살고 있습니다.

### 누가 더 건강하게 오래 살까?

한 사람은 55살입니다. 대학을 졸업한 후 큰 회사에 취업했죠. 회사에서 정기적으로 건강검진을 해 주고 건강식을 먹으며 규칙적으로 운동합니다. 최근 정기검진에서 위에 조그만 혹이 생겼다는 진단을 받았습니다.

다른 한 사람도 55살입니다. 작은 식당을 운영하다 망했습니다. 폐지를 모아 번 돈과 나라에서 주는 보조금으로 사는데, 밥도 제대로 못 챙겨 먹고 운동할 시간도 없죠. 가슴에 통증이 있어도 돈이 없어 참다가 너무 아파 병원에 갔더니 폐암 진단을 받았습니다.

### 누가 더 오래, 더 마음 편하게 일할까?

한 청년은 많은 노력 끝에 대기업에 들어갔습니다. 쉬지 않고 열심히 일해 쭉쭉 승진했습니다. 해외 지사 근무도 망설임 없이 결정할 수 있었죠. 그는 남자입니다.

다른 한 청년도 많은 노력 끝에 대기업에 들어갔습니다. 쉬지 않고 열심히 일하는 중에 아기가 생겨 육아휴직을 해야 했죠. 해외 지사 근무를 하고 싶지만 아기가 자주 아파 망설입니다. 그는 여자입니다.

## 두 사람의 삶은 왜 달라졌을까?

　의사였던 사람이 폐지 줍는 노인이 되거나 노숙자가 하루아침에 사장님으로 변신하듯 인생이 드라마처럼 바뀌지는 않아요. 하지만 같은 학교, 같은 반 친구였던 두 사람의 인생이 서서히 다른 길로 갈라지는 일은 흔하게 일어나죠.

　왜 두 친구의 삶이 달라졌을까요? 게다가 왜 더욱 노력한 사람의 삶이 더 어려워졌을까요? 삶의 출발선이 달랐고, 불평등의 벽이 너무 높아 아무리 노력해도 자신이 처한 환경을 넘어설 수 없었기 때문이에요. 잘못한 일도 없는데, 심지어 열심히 노력했는데도 불행해진다면 무언가 잘못된 거 아닐까요?

## 무엇이 더 공정할까?

미국의 백인 여성 셰릴 홉우드는 홀어머니 밑에서 어렵게 자랐지만, 꿋꿋하게 공부해 텍사스 로스쿨에 지원했어요. 하지만 좋은 점수를 받고도 떨어졌죠. '소수 인종 우대 정책' 때문에 셰릴보다 조금 낮은 점수를 받은 흑인 학생이 합격한 거예요. 자, 누가 합격하는 게 더 공정할까요?

## 왜 같은 일을 하는데 월급이 다르죠?

취업은 정말 어려워요. 어마어마한 경쟁률을 뚫고 시험에 합격해야 하죠. 합격하면 제대로 된 월급을 받으며 오래 일할 수 있는 정규직 직원이 되고, 떨어지면 적은 월급에 언제든 해고될 수 있는 비정규직 직원이 돼요. 하는 일은 거의 똑같은데 말이죠. 차별이 너무 심해지자 정부가 비정규직을 정규직으로 바꾸려고 했어요. 그러자 시험에 합격한 사람들이 화를 냈죠. 경쟁에서 이기려고 온 힘을 쏟았는데 진 사람과 똑같이 대접하는 건 말도 안 된다고요.

## 한 걸음 물러서 봐, 누구도 잘못한 사람은 없어

그런데 참 이상해요. 왜 기업은 똑같은 일자리를 정규직과 비정규직으로 나눠 아주 적은 수의 사람만 정규직으로 뽑을까요? 왜 대학은 공부 잘하는 학생을 뽑는 법과 소수인종을 뽑는 법을 분리하지 않을까요? 바로 무조건 돈을 아끼려는 거죠. 처음부터 직원을 전부 정규직으로 뽑고, 두 가지 기준으로 학생을 따로 뽑으면 아무런 문제가 없어요. 잘못은 돈에 눈이 멀어 사람들을 경쟁시키는 기업과 대학에 있는 거예요.

하지만 사람들은 자기들끼리 싸우느라 대학과 기업을 욕할 틈이 없습니다. 시험을 준비하고 경쟁에서 이기는 게 너무 힘들어서 도저히 다른 사람을 배려할 여유가 없는 거죠.

## 누구를 위한 경쟁일까?

우리는 노력한 만큼 보상받는 것도, 차별받는 사람을 배려하는 것도 모두 공정함이라는 걸 잊어서는 안 돼요. 공정함에 두 가지 기준이 있다는 사실을 생각하지 못하면, 사회적 약자를 배려하는 일이 마치 자기 몫을 빼앗기는 것처럼 느껴지거든요. 힘들게 고생해서 남들을 이기고 나면, 그동안 노력한 게 억울한 마음에 경쟁에서 진 사람을 차별하고 싶어져요.

그들이 장애나 가정 형편 때문에 경쟁에서 이기기 힘들었다는 사실을 잊고, 오히려 무시하고 조롱하죠. 그러는 동안 기업과 대학은 마땅히 사회를 위해 써야 할 돈을 빼돌려요. 사람들을 경쟁시키면 경쟁시킬수록 이익을 얻는 거죠.

## 달리는 걸 멈추고 생각이란 걸 해 보자

　어떤 사람이 아이들에게 달리기를 시킵니다. 한 번 달리면 1등부터 3등까지 달리기에서 빼 줘요. 나머지 아이들은 다시 달려야 합니다. 자, 아이들이 어떻게 할까요? 왜 우리에게 달리기를 시키냐고 항의할까요?

　아니에요. 그냥 열심히 달려요. 이유도 모르고 어떻게든 3등 안에 들기 위해 죽어라 달리죠. 달리기를 시킨 사람은 아이들이 자기가 시키는 대로, 아니 시키는 것보다 더 열심히 달려 주니 만족스러울 뿐입니다.

　우리도 지금 이렇게 달리고 있는 건 아닐까요? 왜 달리는지도 모르면서 서로가 서로의 경쟁자가 되어서 말이에요.

# 이상한 나라의 숨겨진 숫자들

### ◆ 부모의 소득에 따른 사교육비

부모가 돈을 많이 벌수록 사교육비를 많이 써요. 가난한 동네는 한 달에 학원비로 10만 원도 못 쓰지만, 부자 동네는 월평균 150만 원이나 써요.

**가구 소득별 학생 1인당 월평균 사교육비**

| 소득 구간 | 사교육비 |
|---|---|
| 200만 원 미만 | 9만 9천 원 |
| 200~300만 원 미만 | 15만 6천 원 |
| 300~400만 원 미만 | 22만 2천 원 |
| 400~500만 원 미만 | 27만 9천 원 |
| 500~600만 원 미만 | 32만 9천 원 |
| 600~700만 원 미만 | 37만 3천 원 |
| 700~800만 원 미만 | 42만 2천 원 |
| 800만 원 이상 | 50만 5천 원 |

### ◆ 소득 수준에 따른 암 환자 생존율

암에 걸려도 가난한 사람보다 부자가 오래 살아요. 대학교를 졸업한 사람은 중학교만 졸업한 사람보다 사망률이 8배나 낮아요.

**소득 수준별 암 환자 생존율(%)**

| 125만 원 | 284만 원 | 423만 원 | 586만 원 | 992만 원 |
|---|---|---|---|---|
| 23 | 29 | 30 | 31 | 38 |

### ◆우리나라 부의 불평등

 돈을 많이 가진 사람은 점점 더 부자가 되고 돈이 없는 사람은 점점 더 가난해지는 '부의 양극화'가 점점 더 빨라지고 있어요. 가난한 사람 50명이 가진 재산과 부자 2명이 가진 재산이 같아요.

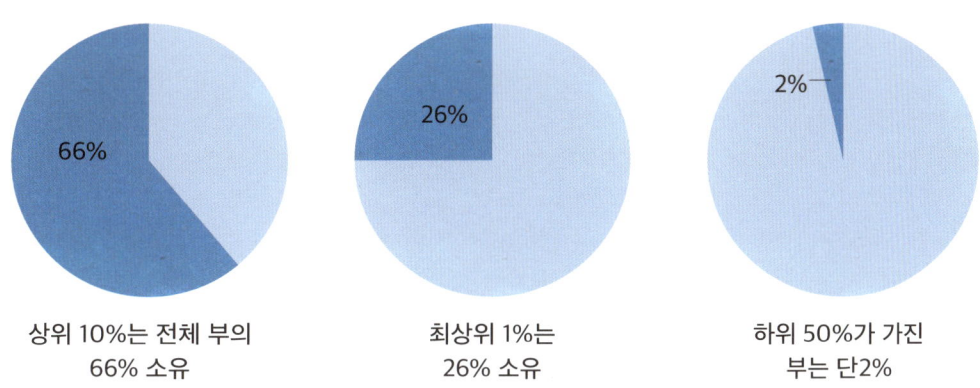

### ◆전 세계 부의 불평등

 옛날에는 큰 부자와 가장 가난한 사람의 재산 차이가 10배를 넘지 않았지만, 현재는 1000배를 넘어섰어요.

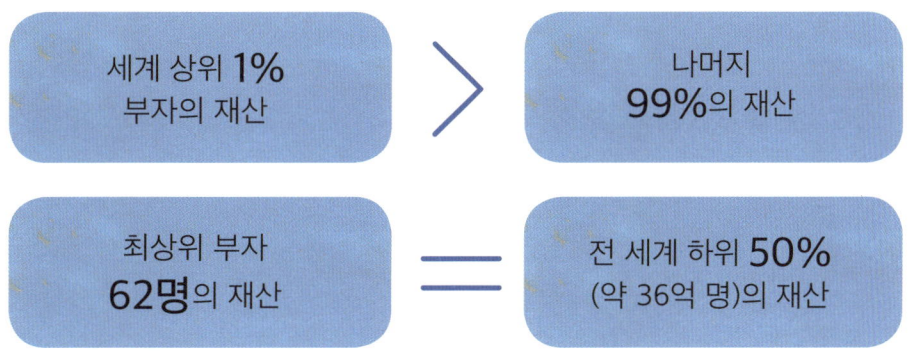

우리에게는 공정함을 판단하는 두 가지 잣대가 있어요.
하나는 노력한 만큼 보상받는 거예요.
다른 하나는 자기 잘못이 아닌데 차별받는 사람들을 배려하는 거예요.
잣대가 두 개면 서로 충돌하기도 하지만 헤쳐 나갈 방법도 많아져요.
동전도 앞면과 뒷면이 있고, 어떤 일이든 빛과 그림자가 있잖아요?
어떤 일이든 이쪽으로도 생각해 보고 저쪽으로도 생각해 봐요.
잣대가 두 개라는 사실을 잊지 않으면 세상이 더 근사해져요.

# 5

## 누구와 어떻게 나누어야 공정할까?

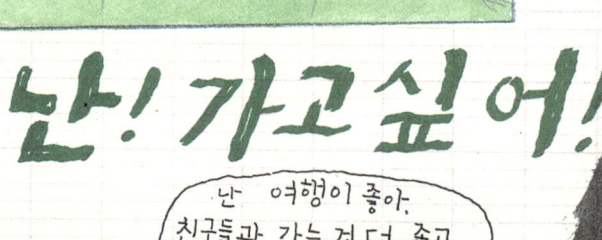

생각해 봐. 그걸 선착순으로 뽑겠어, 추첨으로 뽑겠어?

아님 키 번호나 몸무게 순서? 그럴 리가 없잖아.

난 반장도 아니야. 평소에 우리 반이나 학교를 위해 한 건 아무것도 없어. 선생님 말씀도 잘 안 듣고 영어도 잘 못해. 다른 애들보다 보고서를 잘 쓰는 것도 아니고. 장애가 있어 몸이 불편하지도 않고 집안 형편도 어렵지 않아. 부모님이 백 퍼센트 한국 사람이라 다문화 가정 자녀도 아니지. 그런데 어떻게 내가 뽑히겠어?

### 네가 갖고 싶은 건 나도 갖고 싶어!

 우리 인류는 왕이나 귀족만 누리던 권리를 모든 사람이 똑같이 누리는 세상을 위해 노력해 왔어요. 그런데 왕과 귀족이 누리던 것은 무엇이었을까요? 좋은 음식, 좋은 옷, 좋은 집, 좋은 물건, 이 모든 것을 살 수 있는 돈, 그 중요한 돈을 많이 벌고 보람도 느낄 수 있는 좋은 직업, 많은 이에게 사랑받고 유명해질 기회, 존경, 명예, 다른 사람들을 자기 뜻대로 움직이게 만드는 권력……. 와, 정말 하나같이 멋진 것들뿐이네요.

## 왜 멋진 것들은 세상에 조금밖에 없을까?

문제는 이 멋진 것들이 세상에 아주 조금밖에 없다는 사실이에요. 가지고 싶어 하는 사람은 많은데 조금밖에 없는 것. 이걸 '자원의 희소성'이라고 말해요.

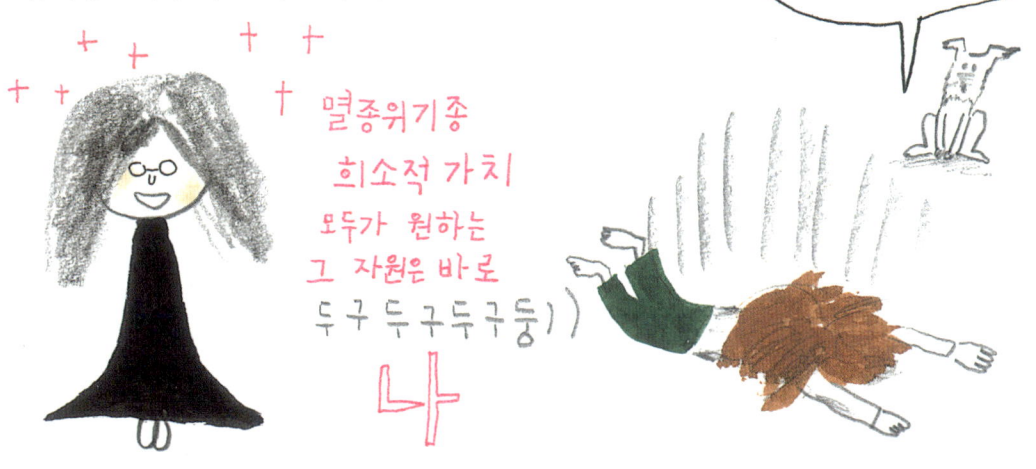

눈에는 보이지 않지만 재산, 권력, 명예, 소득, 휴식, 주거 등 사회에서 사람들이 가치 있다고 여기는 것들을 **사회적 자원**이라고 해요.

## 새로운 기준이 필요해

이 멋진 것들을 처음엔 왕과 귀족이, 그다음엔 독재자들이, 뒤이어 돈과 권력을 가진 이들이 독차지하려고 했죠. 사람들은 그걸 막으려고 싸워 가며 여러 번 세상을 뒤집었고요. 이젠 모두가 나눠 가져야 합니다. 어떻게? 공정하게! 민주주의 사회에 어울리게 희소한 자원을 나눌 새로운 기준이 필요한 거죠.

## 누구에게 장학금을 줄까?

서울의 한 대학교에서 성적 우수 장학금을 없애겠다고 하자 많은 사람이 반대했어요. 장학금은 원래 성적이 높은 학생에게 주는 건데 형편이 어렵다고 다 돈을 주면 누가 공부를 하냐는 거죠.

하지만 돈이 없는 학생은 생활비와 학비를 벌려고 아르바이트하느라 공부할 시간이 없어서 좋은 성적을 받기가 힘들어요. 반대로 돈이 많은 학생은 공부에만 집중하니까 성적이 좋죠. 장학금을 성적 순서대로 주면 정작 돈이 필요한 학생은 장학금을 받을 수 없어요.

## 김치를 공정하게 나눠 보자

추운 겨울이 시작될 무렵의 어느 맑고 바람 없는 날, 한적한 시골 마을에서 모두가 모여 김장을 합니다. 큰 공터에 배추, 무, 고춧가루, 다진 마늘을 산더미처럼 쌓아 놓고 김치를 버무리고 있죠. 그러면서 김치를 어떻게 나눌지 토론하고 있네요.

아니, 김치를 담가 먹든 사 먹든 각자 알아서 하면 될 텐데 왜 굳이 그걸 다 같이 만들어서 어떻게 나눌까를 고민하냐고요? 이야기는 우리가 사는 세상을 단순하고 투명하게 들여다볼 수 있게 도와주거든요. 자, 상상력을 발휘해 볼까요?

## 세 사람의 세 가지 기준

## 누구 말이 맞을까?

세 사람 중 누구의 기준이 맞을까요? 이야기 속 김치를 이 세상의 희소한 자원으로 바꿔 생각해 봐요. 그럼 사회적 자원을 나누는 기준에는 '능력', '업적', '필요' 이렇게 세 가지가 있다는 사실을 알 수 있어요.

### 희귀병 치료제의 행방

한 과학자가 아주 희귀한 병의 치료제를 개발했어요. 자, 이 치료제는 누구의 것이어야 할까요?

① 연구비를 계속 지원해 준 경제적 능력이 있는 사람
② 신약 개발에 결정적인 역할을 한 과학자
③ 희귀병을 앓는 사람

이 문제는 김치나 장학금을 나누는 일보다 쉽습니다. 약은 당연히 3번 아픈 사람이 가져야 공정하니까요. 하지만 불행히도 현실에서 치료제를 가져가는 사람은 1번이나 2번이에요. 아픈 사람은 돈을 내고 1번이나 2번에게 약을 사야 하죠.

## 서로 다른 삶의 영역에는 서로 다른 기준을

미국의 철학자 마이클 왈저는 사람들이 싸우는 이유가 모든 영역에 똑같은 기준을 적용해서라고 말해요. 물건을 살 때 쓰는 기준과 누군가를 돌볼 때 쓰는 기준은 달라야 한다는 거죠.

예를 들어 아픈 사람을 치료할 때 돈과 상품에 쓰는 기준을 적용하면 어떻게 될까요? 아픈 순서대로 치료받는 게 아니라 돈이 많은 순서대로 치료받게 되죠. 그건 옳지 않아요. 기부금을 내면 좋은 학교에 입학할 수 있는 제도도 옳지 않아요. 인간이라면 돈이 많든 적든 누구나 배울 권리가 있으니까요. 우리는 언제 어떤 기준을 적용할지 고민하는 일을 멈추지 말아야 해요.

장금이 뺨치게 김치 맛있게
담그는 아저씨가 혼자 산대.
김치 많이 받으면 뭐 해?
다 먹지도 못하면서. 역시 김치는
할머니 말대로 식구 수대로
나눠야 해.

남으면 갖다 팔면 되지.
말조심해. 너 그러다
아저씨한테 김치로 뺨
맞는다.

# 자본주의 사회의 세 가지 분배 기준

나는야, 모차르트의 환생!

## 능력

재능이 뛰어나 앞으로 성장할 가능성이 높은 학생
하지만…
- 재능이 뛰어나다는 걸 객관적으로 증명할 수 있을까?
- 재능은 노력보다 타고나는 것인데 공정한 기준이 될 수 있을까?

내가 돈이 없지, 실력이 없냐.

## 필요

집안 형편이 어려운 학생
하지만…
- 필요한 사람이 너무 많으면 어떡할까?
- 노력한 사람은 못 받고 엉뚱한 사람이 받으면 아무도 노력하지 않을 텐데?

음악 학교에서 누구에게 장학금을 주는 것이 공정할까?

그동안 받은 트로피로 산도 쌓지Yo!

**업적**

각종 경연대회에서
상을 탄 학교를 빛낸 학생
하지만…
• 업적을 쌓기 위해 반칙하지는 않을까?
• 지나친 경쟁이 일어나면 어떡할까?

모두가 만족해?

어떤 일이 생기건 무슨 일이 일어나건
우리는 공정한 답을 찾을 수 있습니다.
답이 없을 때도 많아요. 그럴 땐 더 생각하고
다시 이야기를 나누면 됩니다.
언제나 공정함에 이르는 길은 반드시 있으니까요.

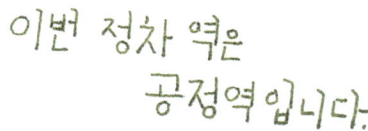 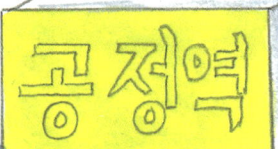

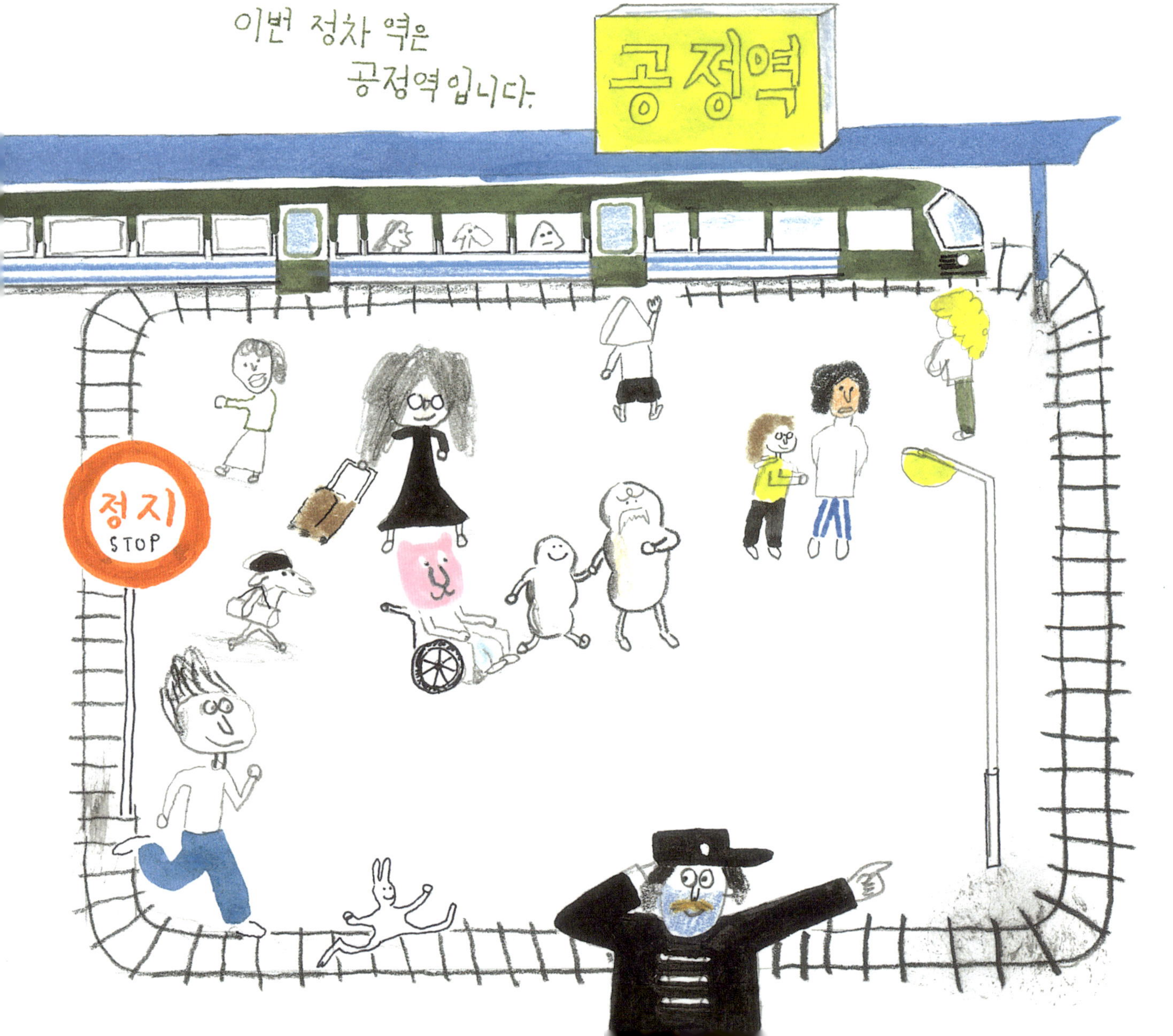

이번 정차 역은 공정역입니다.

# 6

# 너만 이기는 싸움은 그만할래

## 사다리를 잃어버린 세상

아무리 평등한 세상이라고 해도 당연히 개인의 노력에 따라 부자와 가난한 사람이 생겨나죠. 중요한 건 가난한 사람도 열심히 노력하면 부자가 되어야 한다는 사실이에요. 부자의 자녀는 어떨까요? 다시 부자가 될 확률이 아주 높겠죠? 만약 가난한 사람의 자녀에게 부자가 될 기회가 남아 있다면 괜찮아요. 그런데 21세기가 되면서 이런 기회가 거의 사라졌어요. 올라가는 사다리를 잃어버린 거죠.

왜 사다리가 사라졌을까요? 노동자와 회사를 경영하는 사람의 월급 차이가 100배를 넘어서 그래요. 미국은 같은 회사 노동자와 임원 사이에 월급 차이가 무려 300배를 넘어요. 그 사이를 잇는 사다리는 계속 높아지고 좁아지다가 결국 부러져 버렸어요.

## 사장이 청소부보다 100배나 더 뛰어날까?

1960년대엔 노동자와 사장의 월급 차이가 열 배, 스무 배 정도였어요. 열심히 노력하면 따라잡을 수 있는 간격이었죠. 하지만 돈과 힘을 가진 사람들의 월급만 계속 올랐고, 결국 아무리 노력해도 좁힐 수 없는 어마어마한 차이가 벌어지게 되었어요. 그 간극을 내버려 둔 바람에 지금 우리가 힘든 거예요.

## 개천에서 용이 나오지 않는 세상

경제가 빠르게 성장하면 사다리를 타고 올라가기가 쉬워요. 하지만 지금 우리나라 경제는 예전처럼 성장할 수 없어요. 어른의 키가 더는 자라지 않듯 경제성장에도 한계가 있거든요. 그래도 복지 제도가 있으면 사다리를 유지할 수 있어요. 하지만 우리 사회는 복지 제도를 제대로 만들지 못했어요. 사다리도 없어지고, 사다리에서 떨어진 사람도 받아 주지 못하는 세상이 되고 만 거예요.

### 사람의 가치는 능력과 상관없이 소중해

몇 년 전 한 감사원장 후보의 법무법인 월급은 1억 1000만 원이었어요. 같은 때 해고되어 복직시켜 달라고 싸우던 한 대학교 청소 노동자의 월급은 75만 원이었죠. 누군가에게 주는 월급 1억 원은 아깝지 않고, 청소 노동자들에게 주는 월급 75만 원은 아까웠던 걸까요?

물론 일에 따라 월급의 차이가 있는 건 당연해요. 의사나 변호사는 청소 노동자보다 월급을 많이 받아야죠. 하지만 100배는 지나쳐요. 어떤 인간도 다른 인간보다 100배나 뛰어난 능력을 가질 수 없잖아요. 이렇게 차이가 벌어진 세상에서 가난한 사람은 계속 가난하게 살 수밖에 없어요.

## 너의 능력이 어디서 왔는지 알아야겠어

　능력만큼 대접받는 건 좋아요. 하지만 누군가는 그 능력을 쉽게 기를 수 있다는 거예요. 많이 사랑해 주고, 자기 전에 동화책을 읽어 주고, 악기를 배우게 해 주고, 먹고 싶은 것은 다 사 준 부모에게서 태어났으니까요. 자신의 이런 행운을 모르는 사람은 다른 사람의 불운도 잘 느끼지 못해요. 노력해도 형편이 나아지지 않는 사람을 안타깝게 생각하는 대신, "노력이 부족해!" 하고 무시할 뿐이죠.

### 내가 행복하려고 다른 사람을 불행하게 해선 안 돼

다른 사람은 다 지고 나만 이기면 행복할까요? 다른 사람의 불행이 밑거름으로 깔린 세상에선 누구도 진짜로 행복해질 수 없어요. 공정함에 두 가지 다른 기준이 있다는 걸 잊지 마세요. 노력한 만큼 보상받는 것도 중요하지만, 차별받는 사람과 사다리를 오르다 떨어진 사람을 배려하는 것도 정말 중요해요.

노력한 사람과 노력하지 않은 사람을 똑같이 대접하라는 게 아니에요. 누구에게나 행복할 권리는 똑같이 주어져야 하고, 모두가 그걸 지켜야 한다는 말이랍니다. 우리는 그런 사회 안전망을 꼭 만들어야 해요. 마치 커다란 트램펄린 같은 안전망 말이에요. 그래야 누구든 바닥으로 떨어져도 다시 위로 점프할 수 있으니까요.

멍멍멍

청소는 누구나 할 수 있는 일이니까 월급이 적지. 대신할 사람이 아주 많으니까. 청소부가 의사나 변호사보다 돈을 많이 버는 나라는 없을걸?

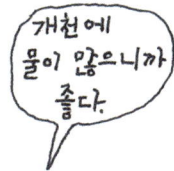

개천에 물이 많으니까 좋다.

청소 일을 하면서도 가족과 함께 행복하게 살 수 있을 만큼 월급을 받는 나라들도 여럿 있어! 누구라도 나락으로 떨어지게 하면 안 돼.